LE TABLEAU
DES MICAULT

DANS

L'ÉGLISE PAROISSIALE DE POMMARD

Par Ch. Bigarne

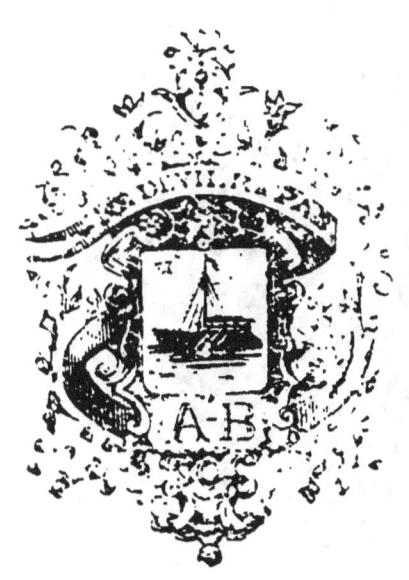

BEAUNE

IMPRIMERIE ARTHUR BATAULT

1887

LE TABLEAU
DES MICAULT

DANS

L'ÉGLISE PAROISSIALE DE POMMARD

Par Ch. BIGARNE

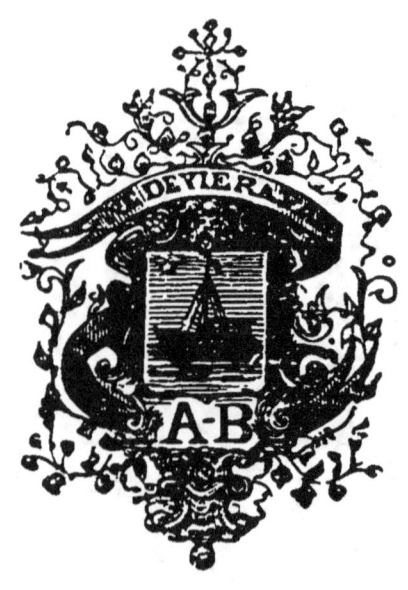

BEAUNE

IMPRIMERIE ARTHUR BATAULT

1887

LE TABLEAU

DES MICAULT

DANS

L'ÉGLISE PAROISSIALE DE POMMARD

———✦———

Le 15 septembre 1736, M. l'abbé
Durand, docteur en théologie de la
Faculté de Paris (1), procédait à la
bénédiction d'une chapelle particu-
lière, édifiée dans la maison seigneu-
riale de M. Micault, à Pommard.
Cette chapelle fut mise sous le vocable
de S. Vivant, et le seigneur, qui

---

(1) Nous connaissons en Bourgogne plusieurs familles de ce nom. L'abbé dont il
s'agit était probablement un Durand d'Aubi-
gny, allié aux Brunet de Pézerolles, proprié-
taires à Pommard, — peut-être François
Durand, qui était encore, en 1762, prêtre
habitué à la collégiale de Beaune.

prend le titre de « receveur consistorial de Sa Majesté très chrétienne »,
me paraît être Vivant Micault, mari
d'Etiennette Lorenchet, qui exerçait à
Dijon la profession d'avocat. Le pro-
cès - verbal de la cérémonie, pour
rehausser la noblesse et l'antiquité de
cette famille, s'exprime ainsi au sujet
d'un grand retable peint, placé sur
l'autel majeur de l'ancienne église
de Pommard :

« Le maître autel est décoré, depuis
plusieurs siècles, d'un beau tableau à
cinq feuilles, peint sur bois de chêne,
où sont représentés la vie, les miracles
et le martyre du glorieux prince des
Apôtres, patron de ladite église, et
dans les deux extrémités du même
tableau sont les portraits de Jean Micault, qui était receveur consistorial
de Sa Majesté très chrétienne, et ceux
de Messieurs ses deux fils, et de l'autre
côté du tableau est représentée la dame
son épouse avec les demoiselles ses
ses filles, et, dans la circonférence, est
peinte en plusieurs endroits, en lettres
d'or de caractères gothiques, la devise
dudit sieur Micault, SOLA VIRTUS,

honneur qui ne s'accorde ordinairement qu'aux fondateurs et protecteurs, ou du moins aux insignes bienfaiteurs des églises (1) ».

Dans son « Supplément manuscrit à l'histoire de Beaune », l'abbé Bredault s'exprime ainsi : « Il y avait, dans l'ancienne église, des tableaux qu'on a rapportés dans la nouvelle. Ils représentent différentes actions de la vie de S. Pierre et paraissent être de la fin du xv⁰ siècle. Sur un ou deux de ces tableaux sont représentés Guyot, Charles et Jean Micault, avec leurs armoiries à tous les angles ». Malgré la divergence de ces descriptions sommaires, il est évident qu'il s'agit des mêmes tableaux, et si l'on examine avec quelqu'attention le panneau qui se trouve actuellement dans le transept septentrional de l'église actuelle, construite en 1760, on restera convaincu de

(1) Cette note a été transcrite, le 10 mai 1857, par M. Cegaut, curé de Pommard, sur un registre appartenant à la paroisse ; j'en dois la communication à notre collègue, M. Voillery, curé actuel. J'ignore où se trouve le procès-verbal de bénédiction dont il est question.

l'existence jusqu'à nos jours de l'un des volets de ce polyptique.

Décrivons d'abord ce tableau : nous rectifierons et nous compléterons ensuite les deux notes précitées.

Le panneau qui nous reste occupait l'extrémité gauche du retable, dont il formait l'un des volets : on distingue encore sur le côté la place des charnières qui l'attachaient au tableau central. Sa hauteur, cadre compris, est d'un mètre 78 centimètres, et sa largeur d'un mètre 34 centimètres. Le principal personnage est la Sainte Vierge, mère de douleurs : elle est assise ; ses mains sont jointes sur la poitrine et son cœur est percé d'un grand glaive : *pertransivit gladius.* Sa robe rouge et son grand manteau bleu sont bordés d'orfrois à feuillages. Derrière la Sainte Vierge, Ste Madeleine, debout, tient de la main droite son vase à parfums, et appuie la gauche sur la tête d'une femme dont nous allons parler ; la Sainte est vêtue d'une robe gris perle et d'un manteau rouge formant voile. A ses pieds est la donatrice agenouillée devant un escabeau

dcnt le côté visible porte un écusson
en losange parti au premier d'azur au
chevron d'or, au deuxième d'or au chevron de sable. La dame est vêtue d'un
manteau noir à larges bordures et
revers gris foncé et coiffée d'un voi'e
plat, de couleur noire. Trois autres
femmes jeunes, les filles de la donatrice,
sont à genoux derrière leur mère et
tiennent des rosaires. Leur costume
noir ou gris, l'absence de bijoux et de
broderies, paraissent indiquer un deuil
récent. Le nom des trois filles, ou plu-
tôt celui de leurs patrons, est écrit en
petites lettres d'or de forme gothique :
Anthoine, Catherine et Charles. Le
fond du tableau est splendide : un
parc, avec de beaux arbres et de belles
allées, une porte de château, flanquée
de deux hautes tours à créneaux
ajourées de fenêtres du XIV° siècle,
un lointain dont la perspective est très
exacte, donnent à l'ensemble l'aspect
le plus délicieux. Une tradition locale
prétend que l'édifice représente le château de Beaune. Cette légende ne peut
être admise : à l'époque du château, le
castrum beaunois était détruit et le

nouveau château, commencé sous Louis XI, ne ressemble en aucune façon aux sveltes tours peintes sur le tableau des Micault. D'ailleurs, tous ceux qui connaissent les peintures flamandes savent qu'il est extrêmement rare d'y trouver la représentation exacte des édifices ou des sites appartenant au pays dans lequel se passe la principale scène. Si nous avions affaire à un artiste bruxellois, ce qui n'est pas impossible, nous dirions qu'il s'est inspiré de la fameuse porte de Hal, l'un des monuments les plus curieux de la Belgique. Si l'on tenait à cette idée du peintre de reproduire un édifice ayant quelque rapport avec le sujet, ce n'est pas à Beaune que l'on devrait chercher un modèle : le château des ducs à Pommard est depuis longtemps démoli, mais il en reste une fenêtre du xiv° siècle qui ressemble à celles du tableau (1).

---

(1) Cette fenêtre était, à ce que l'on croit, dans le bâtiment des prisons ducales, à la *cour Maraut.* Le château proprement dit se trouvait dans la propriété de M. de Vergnette; on distingue encore la place des fossés.

Parlons un peu du premier plan et de certains accessoires très intéressants. Au milieu de ces gazons aux plantes variées, que les peintres, enlumineurs et tapissiers du nord affectionnaient tant, gisent deux fouets dont le sens allégorique nous échappe complètement ; l'un est une poignée de verges de bouleau, l'autre un fouet à manche formé de quatre lanières de cuir. Il nous paraît évident que ces deux objets n'ont pas été mis à cette place par un caprice du peintre, mais qu'ils se rapportent à un importante épisode de la vie des donateurs.

Tout cet ensemble est surmonté d'une arcade d'or à feuillages, réminiscence des dais à ogive en accolade du xv⁰ siècle. Cette décoration est supportée d'un côté par une colonette aux profils prismatiques, de l'autre par un étroit pilastre orné d'un de ces médaillons qui caractérisent l'architecture du milieu du xvi⁰ siècle.

Les deux tympans de cette voussure dorée contiennent deux petits génies, également dorés, tenant des écussons ; celui de droite appartient aux Micault :

d'azur au chevron d'or accompagné de trois chats assis du même : l'autre reproduit l'écusson de la dame décrit plus haut.

Le cadre, actuellement noir, était probablement décoré, suivant la mode du temps, d'une frise dorée : il est assez grossièrement profilé. Nous n'avons pu voir le revers, à cause des crampons de fer qui le fixent solidement au mur, mais il nous paraît hors de doute qu'il porte une peinture en grisaille destinée à être vue lorsque le volet était fermé (1). Ajoutons, pour compléter cette description, que le tableau de Pommard a été restauré maladroitement : on a entaillé la peinture pour coller des tasseaux en queue d'aronde, à l'effet de resserrer les panneaux disjoints ; quelques retouches ont été appliquées et c'est vraisemblablement alors que les trois chats de l'écusson du prie-Dieu ont disparu sous une couche de bleu.

_____

(1) Depuis la rédaction de cette notice le tableau a été descellé. Le nettoyage du revers a mis au jour un sujet en couleur : le baptême du Christ dans les eaux du Jourdain.

L'inscription suivante, peinte en lettres minuscules noires dans le bas du tableau, tout près du cadre, donne la date de ce travail : « Restauré en 1856, par Lernier de Dijon ».

Nous connaissons le prénom des trois filles et nous pensons avoir trouvé le nom de leur mère, à l'aide de son écusson; une généalogie belge, d'une authenticité incontestable, nous apprend que Jean, chef de la branche des Micault des Pays-Bas, était fils de Philibert, châtelain de Pommard, et de Jeanne Couroy : or, Jean Couroy, père de la dame, trésorier de la comté du Charollais, portait des armoiries d'or au chevron de sable accompagné de trois merlettes du même. Il me paraît hors de doute que les merlettes, de même que les chats des Micault, ont disparu dans la malheureuse restauration de 1856.

Essayons de reconstituer le volet perdu du tryptique, et citons les deux lignes que Courtépée lui consacre : « ancien tableau du xv° siècle, donné par N. Micault, châtelain de Beaune et de Pommard ». Nous savons, d'autre part, que les *biens du Roi* furent affermés, en 1505, à MM. Micault, Sayve et Brunet ; il est donc certain maintenant que ce châtelain portait le nom de Philibert et qu'il avait épousé une demoiselle Couroy. Philibert Micault était-il représenté sur le volet disparu ? Nous ne le pensons pas. L'abbé Bredault, toujours si exact, ne parle que de Guyot, Charles et Jean, qui me paraissent être frères. Philibert, leur père, mourut en 1521 ; il fut inhumé, dit le généalogiste belge, dans l'église de Pommard. Il nous semble, d'après le style et l'ornementation, que le tableau est un peu postérieur à cette date, ce qui concorderait avec la note de l'abbé Bredault, tout en expliquant les habits de deuil des quatre femmes et jusqu'à un certain point les douloureux attributs du premier plan. L'un des fils, Jean, était depuis une trentaine d'années établi à Bruxelles, où il mourut le 5 septembre 1539 ; or comme il était représenté sur le volet de droite, on peut admettre que le retable a été exécuté entre les années 1521 et 1539, ce qui concorde parfaitement avec les costumes et l'architecture du tableau. Nous lisons bien, dans le procès-verbal de 1736, qu'il est dans l'église *depuis* plusieurs siècles ; Courtépée parle du xv°, et Bredault, moins affirmatif, écrit *qu'il paraît* être du quinzième, il suffit de donner un coup d'œil pour être convaincu que le tryptique des Micault est de l'époque de la Renaissance. L'expression « tableau à cinq feuilles » de la note de l'abbé Durand n'est pas exacte ; le volet que nous possédons implique nécessairement l'idée d'un *tableau à trois feuilles*. Il est évident que le narrateur a compris dans son chiffre cinq les deux revers des volets. Il serait fort à désirer que l'on s'assurât, en descellant le panneau, de l'existence de cette peinture extérieure.

De tout ce qui précède, il se dégage un point que je tiens pour certain : c'est que le tableau de Pommard est l'œuvre d'un artiste flamand de la première moitié du seizième siècle et qu'il représente Jeanne de Couroy, femme ou veuve de Philibert Micault,

châtelain de Pommard, dont le prénom
nous était inconnu.

Quelle était donc cette famille Micault, un peu négligée par les généa-
logistes bourguignons.

Le plus ancien est Jehannin Micaut,
« de Vollenay, » qui paraît, en 1420,
avec la qualification de procureur de
Saint - Andoche - d'Autun (1) ; vingt-
cinq ans plus tard, un compte de
Millot Faultrey cite Jean Micault,
cultivateur à Pommard. Vers le même
temps vivait Guyot Micault, mentionné
dans la généalogie belge. Il avait
épousé N... La Balme (2), et fut le
père du châtelain de Pommard. A la
fin du même siècle, un sieur Micault,
notaire à Beaune, fit une copie certi-
fiée des lettres patentes de Louis XI

_____

(1) Inventaire sommaire des archives de
la Côte-d'Or, t. I. p. 13.

(2) La famille Balme, est alliée aux Moyria,
Rovoré et Scorailles. André Balme, lieutenant général au bailliage du Bugey en 1696,
portait *de sable à un rocher d'argent, troué
au milieu de sable.* (Armorial de d'Hozier,
publié par Bouchot). Ces armoiries parlantes
nous font voir que l'on prononçait *Baume* et
Labaume.

pour les privilèges et exemptions de l'Hôtel-Dieu. Il serait possible que ce personnage, dont le prénom n'est pas indiqué, fut le même que Philibert, celui qui prit à ferme, en 1505, le domaine royal à Pommard, avec tous ses droits, ses redevances, ses charges et ses profits.

A la même époque, on trouve un Vivant Micault, marchand drapier dans la ville de Beaune, frère ou cousin du châtelain de Pommard.

Nous avons écrit précédemment que Philibert eut trois filles et trois fils, tous représentés sur le tableau de la vie de S. Pierre. L'un de ceux-ci, Jean, que je crois être l'aîné, quitta la Bourgogne pour la Flandre et occupa des emplois très élevés à la cour de Charles-Quint. Il était seigneur d'Osterstein, trésorier de la Toison d'or et receveur des domaines et finances de la Flandre. Il fut créé chevalier par le roi d'Espagne et l'on raconte que le chancelier de l'ordre le réprimanda de son habitude de jurer en public (1).

_____

(1) Alphonse Wauters : Les environs de Bruxelles, t. II, p. 240.

Ce personnage est évidemment le plus célèbre de sa famille et, comme il arrive souvent, des parents d'une autre ligne ont essayé de le revendiquer comme un ancêtre ; nous avons ainsi l'explication de ce passage du procès-verbal cité au commencement de cette notice. Vivant Micault fit insinuer, lors de la bénédiction de sa chapelle, que le retable de l'église avait été exécuté d'après les ordres de Jean Micault, receveur consistorial de Sa Majesté très chrétienne ; cette qualification paraît s'appliquer à l'empereur Charles-Quint; l'erreur est manifeste, car la dame du tableau n'est pas l'épouse, mais la mère du trésorier de la Toison d'or.

Ce haut fonctionnaire mourut le 7 septembre 1539 et fut enterré dans l'église Saint-Gudule de Bruxelles. Il possédait, à quelques lieues de cette ville, à Eppeghem près de Vilvorde, le château d'Indeville, appelé par le peuple *Cattenhuys*, maison des chats. à cause de l'écusson qui surmontait la porte principale.

Jean Micault avait épousé une

flamande, Livine Van-Welle et laissa
deux fils ; l'un mourut sans postérité,
l'autre, nommé Nicolas, était docteur
en droit canon et en droit civil. Il
devint maître des requètes au conseil
privé et fut chargé par Marie de
Hongrie d'une mission diplomatique
en Portugal. Il mourut le 16 août
1589 et fut inhumé à Saint-Gudule,
dans la chapelle du S. Sacrement du
miracle. Ce magistrat s'unit à une
jeune fille d'origine bourguignonne,
Marie Boisot, descendante de Jacob
Boisot, notaire à Dijon vers 1420, dont
un fils, établi en Flandre, avait exercé la
charge de fruitier du parc de Bruxelles,
à l'époque de Philippe-le-Bon (1). Le
père de la dame Micault, Pierre Boisot, marié à Louise de Tisnach, était
trésorier de la Toison d'or.

A l'exemple du châtelain de Pommard, son aïeul, Nicolas Micault fit

---

(1) Cf. La noblesse aux États de Bourgo·
gne, p. XXXVIII en note et l'Armorial de la
Chambre des Comptes, p. 388. Les armes de
cette famille étaient : de sable à trois annelets
d'argent au chef d'or au pal de trois pièces
d'azur.

exécuter, pour l'église de Saint-
Gudule, un grand tableau sur bois
dont les deux volets, peints sur chaque
face, sont conservés au musée royal de
Belgique, où il porte le n° 92. Le
chef de la famille, revêtu de son
armure de chevalier sur laquelle est
jeté un grand manteau de velours, se
tient à genoux devant un prie-Dieu
dont le tapis est brodé aux armes des
Micault. Derrière lui sont ses trois fils;
le premier en armure, le second, en
robe noire, avec un livre à la main, le
troisième, debout, tient un arc à la
main. Le volet de droite représente
la donatrice à genoux; son prie-
Dieu porte un écusson de sable
ou ardillon d'argent, au chef cousu de
gueules chargé de trois fusées d'argent. Quatre filles sont à genoux derrière leur mère; les trois premières,
portant des coiffures ornées de perles
et des ajustements de la fin du XVIᵉ
siècle, sont mariées et ont des armoiries difficiles à blasonner à cause de
leur dégradation; on distingue cepen-
dant trois maillets sur l'écusson de la
seconde. La quatrième fille, beaucoup

plus jeune, est coiffée d'une toque de velours noir (1).

Ces deux panneaux, parfaitement restaurés, sont postérieurs d'une trentaine d'années au retable de Pommard. Ici, plus de trace du gothique, plus de colonnettes ni de pilastres, plus de saints patrons protégeant les donateurs. La beauté plastique des chefs-d'œuvres de l'Italie, a détrôné le mysticisme de cette merveilleuse école flamande qui a produit les Van Eyck, les Van der Weyden, les Memling, les Quentin Metsys et les Jean de Maubeuge.

---

(1) Les anciens catalogues du musée de Bruxelles n'indiquaient pas le nom des personnages. Il y a une quinzaine d'années, nous avons appelé l'attention de messieurs les conservateurs sur les armoiries des Micault. Une nouvelle édition contient des détails sur cette famille, mais nous croyons que les rédacteurs se sont trompés en disant que le principal portrait est celui de Jean Micault ; Jean mourut en 1539 et le tableau est évidemment postérieur à cette date. Conséquemment la dame n'est pas Livine Van Welle, femme de Jean, mais bien Marie Boisot, femme de Nicolas. D'ailleurs l'écusson du prie-Dieu est, à peu de chose près, celui de Viennot Boisot, dont nous avons parlé précédemment.

Nous ne parlerons pas plus longuement de la branche des Micault de Belgique, éteinte vers le milieu du xviiᵉ siècle, dans la personne d'Anne Marie, femme de Nicolas de Warick, vicomte de Bruxelles et margrave d'Anvers. Notre intention n'est pas de dresser, à propos du tableau de Pommard, la généalogie complète de cette famille. L'un des personnages du panneau détruit, Guyot Micault, exerça, dans la ville de Beaune, les fonctions de notaire et maria sa fille Jeanne, avec Pierre Symon, avocat, puis lieutenant civil à Beaune (1). C'est de Guyot que descendent les Micault de Courbeton et d'Harvelay, dont un des membres légua, en 1701, huit

---

(1) La famille Simon a donné deux maires de Beaune, un lieutenant civil et un maître et recteur de l'Hôtel-Dieu. Une tombe de la chapelle de l'Hôtel-Dieu recouvroit la sépulture de « maistre Pierre Simon, bachelier en décrets qui fut beaulpère et confesseur des sœurs par le temps de XXIV ans jusqu'au XVIIIᵉ jour de juillet M Vᶜ et XXX qu'il décéda audit Hostel-Dieu (archives de Joursanvault aux manuscrits de la Bibliothèque nationale).

cents livres aux Minimes de Beaune.
Les almanachs royaux de 1755 et de
1758 donnent le nom et l'adresse de
deux officiers de cette famille ; Micault d'Harvelay résidait à Paris au
petit arsenal (1) et son frère, M. Micault de Courbeton, commissaire-gé-
néral des poudres et salpêtres, demeu-
rait dans la rue des Tournelles. Jean
Vivant Micault de Courbeton, seigneur
de Meilly, Maconges et Rouvres, fut
nommé conseiller au Parlement de
Bourgogne le 13 mars 1780 ; il a été
guillotiné à Dijon le 17 mars 1794.
Un de ses parents, peut-être le com-
missaire des poudres, eut la tête tran-
chée, à Paris, le 27 juillet de la même
année.

Charles Micault, le troisième personnage représenté sur le panneau disparu
du retable de Pommard, paraît avoir
eu des descendants assez nombreux ;
quelques-uns pensent qu'il est l'auteur
des vignerons existant encore dans ce

_____

(1) Une lettre de ce seigneur a été publiée
dans l'ouvrage remarquable de M. Guerrier
sur le père Grozelier, de l'Oratoire !

village. Nous croyons qu'il faut chercher plus loin l'origine de ces derniers
et qu'elle remonte à Jean, cultivateur
à Pommard en 1457, oncle de Philibert,
châtelain de Beaune.

Avant de terminer cette notice,
nous dirons quelques mots sur deux
personnages de cette famille dont
les actes présentent quelqu'intérêt
pour notre histoire locale. Dans le
courant de l'année 1580, Jean Micault,
notaire à Beaune, épousa Marguerite
de la Maré, fille du seigneur de Chevi-
gny ; le même jour, Bénigne de la
Mare, sœur de Marguerite, s'unit à
Vincent Barolet. Jean Micault mourut
jeune, laissant une fille et deux fils ;
nous croyons que le fait suivant se
rapporte à sa veuve Marguerite de la
Mare : le 25 mai 1596, le chapitre de
Notre-Dame de Beaune donne acte au
notaire Décoloigne de la restitution de
« deux anneaulx sur l'un desquels il y
a un saphyr et sur l'autre une pièce
rouge, et en outre d'un cœur d'argent
doré, portant une inscription *de la
robbe de Nostre-Dame* ». Ces bijoux
avaient été prêtés à la dame Micault,

atteinte d'une grave maladie des yeux (1).

Précisément à la même époque, Philibert Micault remplit un rôle assez actif dans la reddition de Beaune. Nous croyons qu'il descend de Vivant Micault, drapier, dans les premières années du xvi° siècle. Une relation de la prise de Beaune nous apprend que ce personnage fut d'abord partisan de la Ligue, « mais tost après l'abjuration du Roy, ledit Micault se mist en son obéissance ».

Une branche de la famille Micault a existé longtemps dans la ville de Nuits; une autre branche se fixa à Dijon. Deux frères Micault, Jean-Baptiste, professeur à l'Université de cette ville, et Claude, avocat au Parlement de Bourgogne, ont laissé d'intéressants mémoires qui vont être publiés pro-

(1) La coutume de prêter aux malades les reliques de la collégiale était usitée à Beaune; M. l'abbé Voillery parle, dans son Étude sur S. Floccl, d'un coffret contenant les reliques du jeune martyr; on le portait dans les maisons chrétiennes pour obtenir la guérison des enfants et des femmes enceintes.

chainement par M. Gabriel Dumay, membre de l'Académie de Dijon.

Ch. B.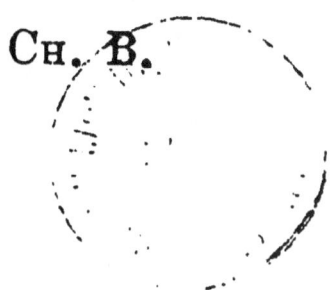

Beaune. — Imp. Arthur Batault